QUEER JOY

JESS VOSSETEIG

100 BOTSCHAFTEN,
DIE EMPOWERN UND INSPIRIEREN

QUEER JOY

Aus dem Englischen
von Valo Christiansen

Zuckersüß SPARK

Jess Vosseteig
AFFIRMATIONS FOR QUEER PEOPLE

1. Auflage 2024

Zuckersüß Verlag ist eine Marke der
Luna Ventures GmbH
Prenzlauer Allee 186
D-10405 Berlin

ISBN 978 3 9493156 19
Gedruckt in Litauen

MIX
Papier aus verantwortungsvollen Quellen
FSC
www.fsc.org
FSC® C107574

Druckprodukt mit finanziellem
Klimabeitrag
ClimatePartner.com/18507-2405-1002

Redaktion: Katrin Weller
Übersetzung: Valo Christiansen
Lektorat: Sophie Niemann
Korrektorat: Wolfgang Schiener
Sensitivity-Reading: DisCheck – Antidiskriminierungsberatung
Satz: Arnold & Domnick, Leipzig
Verleger*innen: Anna & Lukas Kampfmann

Für Vincent & Zoë

Zuckersüß

www.zuckersuessverlag.de

Für meine Queere Community
und für meine Bluts-
und Wahlfamilie.
Ihr bedeutet mir alles.

Danksagung

Danke an das gesamte Team meines Verlags für diese unglaubliche Möglichkeit, meine Kunst und meine Worte mit der Welt zu teilen. Ein Buch zu gestalten, war immer mein Traum, und ich hätte nie gedacht, dass ich eines erschaffen könnte, das so perfekt zu mir passt wie dieses.

Ein besonderer Dank geht an das Team meiner Illustrationsagentur, Good Illustration – Tom, Kate und Doreen. Ich schätze mich so glücklich, mit euch zu arbeiten, denn es hat mich so sehr wachsen lassen. Für eure Hilfe und euren Einblick bin ich euch sehr dankbar!

Danke an meine Familie, die mich fortwährend unterstützt, danke für alles, was ihr für mich tut. Mom und Dad, ihr habt mir die Tools gegeben, um zu wachsen und die Person zu werden, die ich heute bin. Ihr habt mich immer ermutigt, ich selbst zu sein und das zu tun, was ich tun möchte. Dad, du hast mir stets geholfen, kluge Entscheidungen zu treffen. Ich wäre nicht so selbstsicher gewesen, mein eigenes Unternehmen zu gründen, hätte ich dich nicht als Vorbild gehabt. Mom, du hast mir immer die Kraft gegeben, an mich selbst zu glauben und meinen Wert zu erkennen. Du hast mich gelehrt, mit Liebe, Freundlichkeit und Akzeptanz voranzugehen, und nun kann ich all das mit meiner Kunst in die Welt bringen. Es ist das größte Glück auf Erden, euch zu haben. Nicht jedes Kind erfährt solch eine bedingungslose Liebe, und ich bin jeden Tag dankbar dafür. Danke, dass ihr mich nicht seltsam findet, weil ich die Kunst zu meinem Beruf gemacht habe. Ich liebe euch!

Ein besonderer Dank geht an meine beste Freundin, Alyssa Wilson. Ohne dich wäre mein Leben ein völlig anderes, und das meine ich absolut ernst. Du warst die erste Person, die mir gezeigt hat, dass man auf einem iPad zeichnen kann, und das hat meinen künstlerischen Weg maßgeblich geprägt. Ich bin so dankbar, jemanden zu haben, mit der ich meine Ideen reflektieren, lachen und weinen und die Liebe zur Queeren Community teilen kann. Du zeigst mir, dass sich Wahlfamilie nah und bedeutsam anfühlen kann. Du forderst mich heraus, mich künstlerisch weiterzuentwickeln und ein besserer Mensch zu werden. Ich bin so stolz auf uns und unendlich dankbar für unsere Freundschaft.

Zum Schluss möchte ich meiner Queeren Community danken. Eure Unterstützung meiner Kunst, meines Schreibens und meiner Selbst nährt meine Lust und Motivation, zu tun, was ich tue. Danke, dass ihr dieses Buch lest und eure eigenen Bedeutungen in den Seiten findet. Ich kann das Glück nicht beschreiben, das ich empfinde, wenn ich darüber nachdenke, dass Queere Menschen dieses Buch lesen und sich zu einem gewissen Grad damit identifizieren können. Danke, dass ihr mir einen Ort schafft, an dem ich mich ausprobieren und mich selbst vollständig und ohne Urteil akzeptieren darf. Ich bin so dankbar, dass ich so eine wunderbare Community an meiner Seite habe.

Unterstützt und liebt einander,
denn das macht einen riesigen Unterschied.

Inhalt

Einleitung

Es gibt so vieles an dir, das gefeiert werden sollte! Deine Individualität! Deine Freude! Deine Stimme! Deine Stärke! Dein Leben als Queerer Mensch! Mithilfe von Affirmationen kannst du dich selbst empowern und liebevoll all das annehmen, was wunderbar an dir ist!

Affirmationen sind positive Botschaften, die man nutzt, um das Leben zum Besseren zu wenden und Denkweisen zu verändern – deshalb sind sie unglaublich wichtig für die Queere Community. In einer Welt, die oft versucht, uns nieder und unser Glück unsichtbar zu machen, ist es wichtig, dass wir uns selbst anerkennen und uns an unsere Kraft und Schönheit als Queere Menschen erinnern.

Queer Joy enthält über hundert einzigartige Affirmationen, die sich auf das Glück, die Erfahrungen, Errungenschaften und Herausforderungen der Queeren Community beziehen. Auf diesen Seiten findest du eine Sammlung ermutigender, positiver und empowernder Botschaften, die dir helfen werden, dich selbst zu reflektieren, deine Queere Identität zu feiern und Kraft in dir selbst und in deiner Community zu finden.

Jede Affirmation soll dich daran erinnern, dass du auf deinem Weg nicht allein bist, dass deine Stimme wichtig und deine Existenz ein Akt des Widerstands und der Liebe ist!

In diesem Buch findest du motivierende und inspirierende Affirmationen wie:

- ***Ich erkenne mein wahres Selbst an, so wie ich bin.***
- ***Ich habe eine liebevolle und unterstützende Community an meiner Seite.***
- ***Ein Leben zu führen, das ich liebe, ist möglich.***
- ***Meine Meinung über mich ist die einzige, die zählt.***
- ***Ich bin eine Kraft der Veränderung.***
- ***Ich muss mein Sein niemandem erklären.***
- ***Glücklichsein ist mein Geburtsrecht.***

Wo auch immer du dich auf deiner Queeren Reise befindest, die Worte und Bilder in diesem Buch werden dir helfen, Kraft und Glück zu finden. Lass dich von diesen Affirmationen bestärken, ermutigen und inspirieren, und erinnere dich daran, dass Queersein wunderschön und machtvoll ist!

EIN LEITFADEN ZU AFFIRMATIONEN

Wahrscheinlich kannst du es kaum erwarten, loszulegen und deine Empowerment-Reise zu beginnen! Bevor du aber die tiefgreifenden Auswirkungen kennenlernst, die Affirmationen auf dein Leben haben können, solltest du ein wenig mehr über sie wissen.

Zunächst klären wir die Frage, was Affirmationen sind und welche Bedeutung sie haben. Dadurch wirst du verstehen, warum Affirmationen so beeindruckende Werkzeuge für persönliches Wachstum und Empowerment sind – insbesondere für Queere Menschen. Außerdem erfährst du, wie du mithilfe von Affirmationen internalisierte Scham loslassen und deine Sichtweise auf das Leben verändern kannst. Affirmationen können dir dabei helfen, deine Identität zu verstehen und dich selbst zu empowern in einer Welt, die dich oft kleinhalten und zum Schweigen bringen will.

Dieses Buch soll dabei kein passives Leseerlebnis sein. Stattdessen ist es eine Einladung an dich, dich aktiv mit den Affirmationen auseinanderzusetzen und sie in deinen Alltag zu integrieren. Durch die regelmäßige Anwendung von Affirmationen nutzt du ihre Kraft und kannst positive Veränderungen in deiner Denkweise und deinem Leben bewirken! Lass dich ein auf eine Reise der Selbstentdeckung, Selbstakzeptanz und Selbstempowerment, die auf dich wartet.

Was sind Affirmationen?

Vielleicht fragst du dich, wie ein paar Worte und Bilder in einem Buch dein Leben verändern können – aber glaub mir: So mächtig können Affirmationen sein! Affirmationen sind kurze, positive Botschaften, die, wenn sie regelmäßig wiederholt werden, tatsächlich deine Denkweise und dein Selbstwertgefühl verändern können. Sie sind dazu gedacht, negative Gedanken herauszufordern und ihnen entgegenzuwirken.

Indem du ihnen also Einhalt gebietest und sie durch aufmunternde, friedliche und schöne Gedanken ersetzt, formulierst du die Scham und Negativität, die dich plagen, um – und veränderst so dein Leben. Affirmationen dienen dazu, dich an deinen Wert und deine einzigartige Identität zu erinnern, und helfen dir dabei, dich so anzunehmen, wie du bist.

Affirmationen werden schon seit Tausenden von Jahren verwendet. Im alten Hinduismus und Buddhismus wurden Mantras (wiederholte Worte oder Sätze) als Teil der Meditation genutzt, um den Geist zu beruhigen. Affirmationen ähneln Mantras, weil man durch deren Wiederholung einen positiveren Bewusstseinszustand erreichen kann. Im neunzehnten Jahrhundert entdeckte man die Kraft des positiven Denkens, wodurch Affirmationen an Beliebtheit gewannen. Im zwanzigsten Jahrhundert nahm die Methode stark zu: Menschen auf der ganzen Welt begannen, mithilfe von Affirmationen ihr Leben zum Besseren zu wenden.

Warum Affirmationen für Queere Menschen wichtig sind

Affirmationen helfen dir also, einen Zugang zu positivem Denken zu entwickeln, dein Selbstwertgefühl zu stärken und dein persönliches Wachstum zu unterstützen. Tatsächlich sind sie aber auch wichtig, weil sie dir dabei helfen können, auf Bedrohung zu reagieren. Affirmationen können dich resilienter und anpassungsfähiger machen gegenüber deiner Umwelt und allen Herausforderungen, mit denen du konfrontiert wirst. Für Queere Menschen ist das essenziell. Die Tools zu haben, um selbstbewusst und glücklich zu sein und das Leben zu gestalten, das man verdient, ist unglaublich empowernd für Queers. Wir werden uns immer mit Negativität und Diskriminierung auseinandersetzen müssen, aber wenn du einen Werkzeugkasten voller positiver Affirmationen hast, mit denen du dem entgegenwirken kannst, bist du nicht aufzuhalten! Niemand kann dir beibringen, du selbst zu sein, darum ist es so wichtig, dass du dir selbst den Support und den Mut gibst, die du als Queerer Mensch verdienst. Du kannst dich immer auf dich verlassen. Positive und empowernde Botschaften zu haben, die dich bestärken, wenn die Umstände schwer für dich sind, kann sehr hilfreich und tröstlich sein.

Queer Joy kann Teil eines Safe Space der Selbsterkundung und des Selbstausdrucks sein. Die Affirmationen in diesem Buch behandeln eine Fülle von einzigartigen Herausforderungen, denen du als Queere Person vielleicht begegnest.

SCHAM LOSLASSEN

Als Queere Person erlebst du ohne Zweifel Shaming und Negativität von anderen. Um ein Zugehörigkeitsgefühl zur Community zu entwickeln, versuche erst einmal, diese internalisierte Scham loszulassen und sie zu verlernen. Affirmationen können dir dabei helfen, positiv mit dir selbst zu sprechen, und dir Mut schenken, wodurch du mehr Empowerment und Selbstbewusstsein erfährst. Dadurch erschaffst du auch Inspiration für andere Queers, Liebe für sich selbst zu finden.

Für Queere Menschen ist es wichtig, die Scham und Stigmata, die ihnen auferlegt wurden, bewusst zu verlernen, denn das ist genau das, was die Gesellschaft nicht will. Die patriarchale und heteronormative Gesellschaft, in der wir leben, hat Angst vor allem außerhalb der Norm. Scham über das Anderssein abzulegen, ist ein Weg, Veränderung zu erreichen. Queers wurden in der Vergangenheit immer wieder zum Schweigen gebracht, und der einzige Weg, das zu ändern, ist, unsere Stimmen zu nutzen und gesehen und gehört zu werden.

Sich dem Hass der anderen zum Trotz selbst zu lieben, ist ein wirksames Mittel gegen Diskriminierung. Wenn alle Queeren Menschen stolz auf sich wären, könnten wir alle einander in Selbstliebe begegnen und hätten die Kraft, den Hass zu bekämpfen. Wenn du Queer und stolz auf dich bist – und dich mit den richtigen mentalen Waffen wie Affirmationen ausstattest, um in einer Welt zu leben, die dich nicht haben will –, holst du dir deine Macht zurück.

EIN BLICK AUF INTERSEKTIONALITÄT

Die Affirmationen in diesem Buch dienen auch dazu, die Intersektionalität in der Queeren Community wertzuschätzen. Intersektionalität ist ein Begriff, der von der führenden Wissenschaftlerin der *Critical Race Theory* und Aktivistin Kimberlé Crenshaw geprägt wurde. Es ist eine Perspektive, die die Identitätsanteile eines jeden Menschen in den Blick nimmt und untersucht, wie sich diese gegenseitig beeinflussen. So überschneiden sich zum Beispiel die Erfahrungen von Queeren Personen mit anderen Aspekten ihrer Identität wie ethnische Zugehörigkeit, sozioökonomischer Status, Behinderung und Weiteres. Intersektionalität erkennt an, dass diese verschiedenen Identitätsdimensionen die Erfahrungen und Herausforderungen prägen, mit denen Menschen konfrontiert sind.

Die Queere Community ist sehr vielfältig, und zu ihr gehören Personen mit unterschiedlichen Hintergründen, die jeweils eigene Kämpfe und Errungenschaften haben. Wenn wir die Diversität innerhalb der Community anerkennen und wertschätzen, können die Affirmationen in diesem Buch tatsächlich allen helfen, sich gesehen und empowert zu fühlen und ihre vielfältigen Identitäten liebevoll anzunehmen. Die Affirmationen zielen darauf ab, ein breites Spektrum von Herausforderungen zu thematisieren, denen Queers begegnen können. Vielleicht erkennst du dich in einigen der Botschaften in diesem Buch wieder und fühlst dich so in all deinen sich überschneidenden Identitäten bestärkt. Durch dieses Miteinbeziehen fördern wir ein Gefühl der Zugehörigkeit und Einheit innerhalb der Queeren Community.

VERÄNDERUNG BEWIRKEN

Affirmationen haben die Macht, nicht nur dein individuelles Leben zu verändern, sondern auch die kollektive Zukunft für alle Queeren Menschen zu prägen. Wenn du Affirmationen verwendest, dann stelle auch ganz aktiv gesellschaftliche Normen und Narrative infrage, die Diskriminierung und Ungleichheit aufrechterhalten. Indem du deinen Selbstwert erkennst, deine Identitäten feierst und dein authentisches Selbst als deines annimmst, beschleunigst du Veränderungen in deinen Communitys und darüber hinaus.

Affirmationen können ein Gefühl der Solidarität innerhalb der Queeren Community schaffen. Durch die Anerkennung unserer verschiedenen Identitäten und intersektionalen Erfahrungen schaffen wir eine Grundlage für Empathie, Verständnis und Unterstützung. Affirmationen, die die Kämpfe und Errungenschaften Einzelner anerkennen, können ein Gefühl der Zugehörigkeit und Einheit erschaffen. Wenn wir uns gegenseitig durch Affirmationen Mut zusprechen und einander empowern, stärken wir die gesamte Queere Community und können Widrigkeiten gemeinsam überwinden.

Affirmationen sind nicht nur eine persönliche Praxis, sondern eine treibende Kraft für den gesellschaftlichen Wandel. Sie befähigen uns, Veränderungen für uns selbst und künftige Generationen herbeizuführen, unterdrückerische Systeme zu hinterfragen und eine inklusivere und akzeptierendere Welt für alle Queeren Menschen zu erschaffen. Durch Affirmationen kannst du eine Zukunft mitgestalten, in der alle Menschen gefeiert und wertgeschätzt werden und ihre Wahrheit ohne Angst oder Diskriminierung ausleben können.

Wie man Affirmationen verwendet

Affirmationen lassen sich auf vielerlei Art und Weise verwenden, um das eigene Leben zu verbessern. Du kannst jeden Morgen deinen Tag mit einer Affirmation beginnen, du kannst sie während einer bestimmten Meditation oder einer Ruhezeit sprechen, oder du kannst in einer schwierigen

Situation darauf zurückgreifen, um besser durchzuhalten. Das Wichtigste ist, dass du die Affirmation so lange wiederholst, bis sie dein dominanter Gedanke wird. Wenn du dich in einer Spirale negativer Gedanken oder Gefühle befindest, suche in diesem Buch nach einer Affirmation, die dich anspricht. Wiederhole sie so lange, bis du an nichts anderes mehr denken kannst als an die Worte, die du sagst. Es liegt eine große Kraft darin, so bewusst mit deinen Gedanken und Handlungen umzugehen. Durch die regelmäßige Wiederholung wird es zur Gewohnheit, die positiven Seiten des Lebens zu sehen, was sich in deinem Gehirn verankert. Irgendwann wird es dir in Fleisch und Blut übergehen, negative Gedanken durch positive zu ersetzen!

So einfach es auch klingt, es kann anfangs schwierig sein, diese Affirmationen, die dir doch eigentlich helfen sollen, zu wiederholen. Wenn du mit viel internalisierter Scham, Selbstzweifeln oder gesellschaftlichen Stigmata zu kämpfen hast, fällt es dir möglicherweise schwer, Affirmationen zu verwenden – und das ist völlig okay! Es ist nicht leicht, bestimmte Gedanken und Gefühle loszulassen, die einem die Gesellschaft auferlegt hat, aber es ist wichtig, dass du geduldig mit dir bist und aufgeschlossen bleibst. Wie bei allem Neuen bedarf es auch hier der Übung.

Affirmationen auswählen

Dieses Buch ist so konzipiert, dass du alle Affirmationen an einem Ort findest. Du kannst sie der Reihe nach lesen oder einfach nur die, die dir ins Auge springen! Wenn du nicht alles auf einmal lesen willst, blättere einfach durch das Buch und lasse die Affirmationen zu dir sprechen. Vielleicht findest du ja die perfekte Botschaft für deine momentane Stimmung. Sei dir im Klaren darüber, dass Affirmationen sehr persönlich sein können. Da dieses Buch so umfassend wie möglich sein soll, bedeutet das aber auch, dass nicht alle auf dich zutreffen werden. Wenn du dich zum Beispiel nicht als trans identifizierst und auf Affirmationen stößt, die sich auf diese Gruppe innerhalb der Community beziehen, kannst du sie gerne mit einer trans Person in deinem Leben teilen!

Dieses Buch ist dazu da, dass du deine Queere Identität feierst und dich mit ihr wohlfühlst, also mach Markierungen, setze Lesezeichen bei deinen Lieblingsbotschaften und reiße Seiten heraus, um sie mitzunehmen oder aufzuhängen, wenn du das möchtest. Bei einigen Affirmationen findest du Vorschläge, wie du sie verwenden kannst, aber mach einfach, was sich für dich richtig anfühlt! Du kannst einige deiner Lieblingssätze auch auf Klebezettel schreiben und sie in deinem Zuhause verteilen. Oder du führst ein Tagebuch mit einigen der Botschaften, die dich ansprechen, und schreibst auf, wie du sie in deinem Leben anwenden kannst. Wie auch immer du die Affirmationen einsetzt, der Sinn dieses Buches besteht darin, dein Safe Space zu sein!

Wie es weitergeht

Du weißt nun, was Affirmationen sind, wie sie funktionieren und wie sie dir als Queere Person helfen können. Sei dir bewusst, dass diese Affirmationen die Kraft haben, deine Denkweise zu verändern und dich insgesamt stärker zu machen. Wenn du positive Selbstgespräche führst und deinen eigenen Wert erkennst, kannst du tiefgreifende Veränderungen sowohl in dir als auch in deiner Community bewirken. Lass dich beim Lesen der Affirmationen an deine Stärke, deine Einzigartigkeit und deine Fähigkeit erinnern, eine inklusivere und empowernde Welt zu erschaffen. Achte darauf, das Buch mit viel Offenheit und Geduld zu lesen, und vielleicht wirst du ja die ein oder andere Affirmation finden, die genau zu deiner Reise als Queerer Mensch passen!

AFFIRMATIONEN

Bist du bereit, die Kraft der positiven Affirmationen zu entdecken? Denk daran, dass diese Worte dich an deinen Wert, deine Stärke und dein grenzenloses Potenzial als Queere Person erinnern sollen. Die folgenden Seiten schaffen dir einen Safe Space, in dem du ganz und gar du selbst sein kannst.

Es erwarten dich über hundert Affirmationen, von denen jede einzelne mit Sorgfalt erdacht wurde, um Queere Menschen zu erreichen. Zu jeder Affirmation gibt es einen kurzen Text, der dich inspirieren und dir zeigen soll, wie du sie anwenden kannst. Probier einfach aus, was vorgeschlagen wird, oder finde deinen eigenen Weg, um jede Affirmation am effektivsten für dein Leben zu nutzen. Du kannst dabei nichts falsch machen! Um die Botschaften für dich greifbarer zu machen, sind viele Seiten in diesem Buch zusätzlich illustriert. Die Bilder dienen dazu, dir eine visuelle Darstellung der Affirmationen zu geben und Queeres Glück und Empowerment einzufangen. Ich hoffe, dass du dich in ihnen wiedererkennst und sie dich mit Positivität und Selbstbestätigung erfüllen!

Fühl dich frei, die Freude, die durch diese Affirmationen entstehen, zu verbreiten. Teile sie mit deiner Wahlfamilie oder Queeren Community, damit wir uns alle empowert und valide in unserer Identität fühlen können! Indem du diese inspirierenden Worte teilst, kannst du eine Welle der Positivität und Akzeptanz in deiner Community erschaffen. Nimm diese Botschaften liebevoll an, damit sie deinen Mut und deine Leidenschaft entfachen und du dein authentisches Queeres Leben lebst!

Fluid zu sein, ist wunderschön.

Sei daran erinnert, dass dein Leben nicht an feste Definitionen gebunden ist. Feiere die sich ständig verändernden und weiterentwickelnden Aspekte deiner selbst! Nimm die Freiheit der Fluidität als deine an und erlaube dir, alle Nuancen deiner Identität zu erforschen und auszudrücken. Wiederhole diese Affirmation mit Stolz und dem Wissen, dass Fluidität ein kraftvoller und schöner Aspekt deines einzigartigen Queeren Selbst ist.

Ich habe eine liebevolle und unterstützende Community an meiner Seite.

Queere Menschen sind Teil einer wunderschönen, vielfältigen und riesengroßen Community, die Liebe und Support bietet. Erinnere dich mit dieser Affirmation daran, dass du nie allein bist. Lass dir von der Liebe und Unterstützung der Queeren Community wieder auf die Füße helfen, wenn andere dich zu Fall gebracht haben. Sprich diese Worte vor dem Schlafengehen oder am Morgen, um deinen Tag mit Liebe und Support zu beginnen!

Ich verdiene ein erfülltes und glück-liches Leben.

Weder deine Orientierungen noch deine Geschlechtsidentität sollten ein Hindernis für ein Leben voller Glück und Sinnhaftigkeit sein. Nimm diese Affirmation als Anlass, selbstfürsorglich zu sein, deine Leidenschaften auszuleben und dich mit den positiven Einflüssen zu umgeben, die dir guttun! Du verdienst ein rauschendes, erfülltes Leben, mit dem du absolut glücklich bist.

Meine Community unterstützt mich, wenn andere es nicht tun.

Wenn du Ablehnung oder Unverständnis durch andere erfährst, bietet die Queere Community unerschütterlichen Support. Selbst wenn du mit solchen Widrigkeiten konfrontiert wirst, bist du nicht allein. Deine Community wird zu deiner Wahlfamilie, die dir Liebe, Kraft und bedingungslose Akzeptanz bieten kann. Nutze diese Affirmation als eine Quelle der Kraft und sei dir bewusst, dass es Menschen gibt, die dich wirklich verstehen und schätzen, so wie du bist.

QUEERSEIN MACHT MICH

STARK

Ich akzeptiere mich so, wie ich bin.

Angesichts des enormen gesellschaftlichen Drucks und der Erwartungen, die auf dir lasten, ist es wichtig, dich selbst mit ganzem Herzen zu akzeptieren. Wenn du dein einzigartiges Sein annehmen kannst, kannst du deine Erfahrungen und Identitäten zelebrieren, ohne zu urteilen. Das hier ist dein täglicher Reminder, dich selbst bedingungslos zu lieben, so wie du bist. Du darfst dir, ohne zu zögern, selbst Liebe und Akzeptanz geben. Du kannst diese Affirmation nach dem Aufwachen sprechen, um gut in den Tag zu starten.

Ich werde immer mehr zu der Person, die ich sein möchte.

Lass uns das kontinuierliche Wachstum und die Selbstentdeckung feiern, die wir als Queere Menschen erleben! Unser Leben verändert sich ständig, gleichzeitig haben wir die Macht, unsere Identitäten selbst zu gestalten. Wir können die Fluidität unserer Identitäten liebevoll annehmen und den wunderbaren Prozess erforschen und ehren, der uns zu dem macht, was wir wirklich sein wollen. Verwende diese Affirmation als Erinnerung an deine Fähigkeit, zu wachsen und dich zu verändern!

Meine Identität gehört mir und niemandem sonst.

Dein Ausdruck, deine Labels und Erfahrungen sind valide und sollten nicht von äußeren Erwartungen oder Urteilen beeinflusst werden. Deine Identität spiegelt wider, wer du bist, und du hast die Macht, sie für dich zu definieren. Verstehe diese Affirmation als eine mächtige Selbsterklärung, dass deine Identität dir gehört, du sie annimmst, zelebrierst und erforschen darfst, ohne dafür Bestätigung oder Zustimmung von anderen zu brauchen.

Ich darf meine Familie selbst wählen.

Queere Menschen erfahren oftmals keine Akzeptanz durch ihre Herkunftsfamilien. Wenn dich deine biologische Familie verstoßen hat oder dir die Unterstützung verweigert, die du brauchst, kannst du dir deine Familie selbst wählen. Du hast die Freiheit, deine eigene Familie mit Freund*innen oder anderen Mitgliedern der Queeren Community zu gründen. Verwende diese Affirmation, um dich daran zu erinnern, dass du bedeutungsvolle Verbindungen und Beziehungen erschaffen kannst, die dich aufbauen und deine einzigartigen Identitäten mit dir feiern.

Ich bin umgeben

von meiner Wahlfamilie, die mich liebt.

Ich erweitere immerzu meine Ideen zu Geschlecht und Sexualität.

Manchmal müssen wir uns selbst daran erinnern, neugierig und aufgeschlossen zu bleiben und weiter dazulernen zu wollen, während wir gesellschaftliche Normen hinterfragen und unser Verständnis von vielfältigen Identitäten erweitern. Indem du diese Affirmation mit Liebe annimmst, erlaubst du dir, das ganze Spektrum der Queerness weiter zu erkunden und wertzuschätzen. Lass dich inspirieren, weiteres Wissen zu sammeln und dich für eine inklusivere Welt einzusetzen.

Ich muss keine „Erfahrung“ haben, um Queer sein zu dürfen.

Queerness wird nicht durch bestimmte Erfahrungen oder Meilensteine definiert. Deine Queerness ist valide, weil sie ein Teil von dir ist. Befreie dich vom Druck der Erwartungen und erlaube dir, sie selbst zu bestimmen. Nutze diese Affirmation als Mantra, wann immer du Selbstzweifel über dein Queeres Erleben hegst.

Meine Maskulinität ist unabhängig von meiner Menstruation.

Die Periode ist kein alleiniges „Frauending", trans Männer und nichtbinäre Menschen können ebenfalls menstruieren. Als Queere Person ist es wichtig zu erkennen, dass das körperliche und soziale Geschlecht Konstrukte sind, die bei Queeren Menschen nicht immer den gesellschaftlichen Normen entsprechen. Verwende diese Affirmation, um deine Maskulinität wertzuschätzen und gesellschaftliche Stereotypen abzuweisen. Vielleicht kannst du sie auf deine Menstruationsprodukte schreiben, um dich immer wieder daran zu erinnern, dass deine Identität als Mann unabhängig von deiner Periode valide ist.

Ich verdiene eine gleichberechtigte Gesundheitsversorgung.

Fühle dich hiermit empowert, eine gleichberechtigte Gesundheitsversorgung zu fordern, die deinen individuellen Bedürfnissen entspricht und deinem allgemeinen Wohlbefinden guttut! Jeder Mensch verdient eine umfassende und ganzheitliche Gesundheitsversorgung, doch leider bekommen viele Queers nicht die Zugänge, die sie brauchen. Wiederhole diese Affirmation, um für deine Rechte und dich selbst einzutreten, wenn du medizinische Versorgung benötigst. Sei dir im Klaren darüber, dass deine Gesundheit und dein Wohlbefinden wichtig sind und du eine respektvolle, wertschätzende und kompetente Gesundheitsversorgung verdienst!

ICH BIN STARK UND EMPOWERT!

Ich verdiene die Liebe, die ich möchte.

Queere Liebe kennt keine Grenzen, und du darfst lieben, wie und wen immer du willst. Queere Menschen empfinden oft Scham für ihre Liebe. Diese Affirmation soll dich daran erinnern, dass du jede Art von Liebe verdienst, die du dir wünschst. Nimm diese Botschaft an und erlebe, dass du genau die Liebe anziehst, die du in deinem Leben haben möchtest.

Ich darf meine Identität verändern.

Du darfst jederzeit deine Identität verändern! Fühle dich empowert, zu jedem Zeitpunkt in deinem Leben herauszufinden, zu hinterfragen und neu zu definieren, wer du bist. Queersein geht mit viel Selbsterkundung einher, und manchmal bedeutet das, dass deine Labels oder Identitäten wachsen und sich mit dir verändern. Erlaube dir, alte Labels abzulegen, neue anzunehmen und deine sich stetig verändernden Identitäten zu würdigen. Nutze diese Affirmation, wann immer du Zweifel daran hast, deine Labels zu ändern.

Mein Coming-out passiert dann, wenn es für mich richtig ist.

Ein Coming-out ist eine intensive und befreiende Erfahrung, die aber auch sehr nervenaufreibend und überwältigend sein kann. Lass dich nicht unter Druck setzen, was Zeitpunkt oder Rahmen deines Coming-outs angehen. Du bestimmst selbst und zu deinen Bedingungen, wann du dich für dein Coming-out bereit fühlst.

Ich darf mein Coming-out selbst gestalten.

Dein Weg zum Coming-out ist genauso einzigartig wie du selbst! Niemand wird jemals die exakt selben Erfahrungen machen, also versuche, dich deswegen nicht zu stressen. Deine Wahrheit zählt, egal, wie du sie mit anderen teilst. Denke an diese Affirmation, wenn du vor einem Coming-out Angst hast.

ICH BIN
QUEER
GENUG.

Ich darf frei wählen, wen ich liebe.

Liebe wird nicht durch Geschlecht, Sexualität oder gesellschaftliche Erwartungen eingeschränkt. Erkenne durch diese Affirmation, dass dein Herz keine Grenzen kennt, wenn es um Liebe geht. Für bisexuelle/pansexuelle/polyamore Menschen und alle anderen, die es brauchen, ist diese Affirmation ein Reminder, dass sie das Recht haben, selbst zu entscheiden, wen sie lieben!

Ich liebe es, Teil einer muterfüllten Geschichte zu sein.

Erkenne und würdige die lange Geschichte der Widerstandsfähigkeit, des Mutes und der Kraft innerhalb der Queeren Community. Lerne all die Wegbereiter*innen kennen, die vor dir kamen und den Weg für den Fortschritt geebnet haben. Unabhängig davon, wie du dich identifizierst, solltest du die gesamte Geschichte der Queeren Community würdigen und selbst den Mut finden, stolz und empowert ein Teil davon zu sein! Lass dich dazu inspirieren, dieses fortlaufende Vermächtnis des Mutes aktiv weiterzutragen und zu leben, und setze dich für eine inklusivere und tolerantere Welt ein.

Ich bin frei von meiner Vergangenheit.

Deine Geschichte macht dich als Queeren Menschen nicht aus. Du warst in deiner Kindheit und Jugend als Queere Person vielleicht mit vielen Herausforderungen, Traumata und Erlebnissen konfrontiert, doch sie alle definieren nicht, wer du bist. Nimm das grenzenlose Potenzial deiner Zukunft an und erlaube dir, dich von früheren Einschränkungen zu befreien. Schreibe diese Affirmation irgendwo hin, wo du sie oft siehst. Dadurch hast du einen konstanten Reminder, dass deine Vergangenheit dich nicht definiert.

Ich definiere mich unabhängig von Labels.

In einer Welt, in der ständig versucht wird, alles zu kategorisieren und zu benennen, soll diese Affirmation dich daran erinnern, dass Identitäten nicht in Schubladen passen. Nimm dir die Freiheit, authentisch und ohne Rechtfertigung so zu sein, wie du bist! Du wirst nicht durch Labels definiert, und wenn du kein Label verwenden willst, musst du das auch nicht! Denk immer daran: Deine Identität ist grenzenlos und darf die Erwartungen der Gesellschaft überwinden.

ICH BIN EIN WAHRES KUNSTWERK!

Ich entscheide, was meine Identität mir bedeutet.

In einer Welt, die dich zu definieren versucht, hast du die Entscheidungsmacht, deine eigene Identität zu gestalten und selbst zu bestimmen. Deine Identität ist eine persönliche und einzigartige Reise, und nur du hast das Recht, zu definieren, was sie für dich bedeutet. Sprich diese Affirmation, wann immer du deine Identitäten infrage stellst.

Meine Meinung über mich ist die einzige, die zählt.

Die Meinung anderer bestimmt nicht deinen Selbstwert. Viele Menschen haben eine Meinung zu Queerem Leben, aber diese Meinungen definieren dich nicht. Mach dir die Kraft der Selbstvalidierung zu eigen und wertschätze deine Einzigartigkeit und deinen ganz persönlichen Weg. Setze Prioritäten, wie du über dich denkst. Deine Meinung über dich selbst ist schließlich die einzige, die wirklich zählt!

Ein Leben zu führen, das ich liebe, ist möglich.

Wir haben die Macht und Fähigkeit, unser eigenes Leben so zu gestalten, wie es uns glücklich macht. Als Queere Menschen bekommen wir oft zu hören, dass unser Leben schwierig und unerfüllt sein wird. Aber du hast die Macht, ein Leben zu führen, das mit deinem wahren Selbst übereinstimmt und von Glück erfüllt ist! Glaube daran, dass du in der Lage bist, ein Leben voller Liebe, Sinn und Glück zu erschaffen.

Ich lerne ständig Neues über mich.

Als Queere Person sind deine Identität und deine Erfahrungen nicht endgültig festgelegt. Bleibe aufgeschlossen, neugierig und offen für alles, was sich aus deiner Selbsterkundung ergibt. Selbstreflexion wird eine Konstante in deinem Leben als Queerer Mensch sein, darum lass dich von dieser Affirmation daran erinnern, dass Selbstentdeckung ein schöner, lebenslanger Prozess ist!

ICH
verdiene
gesunde
UND
erfüllende
BEZIEHUNGEN

Ich muss mich niemandem erklären.

Du schuldest niemandem eine Erklärung für deine Identität, deine Entscheidungen oder deine Existenz. Du bist wertvoll und verdienst Respekt, egal, ob andere es verstehen oder akzeptieren. Lass diese Affirmation dir das Selbstbewusstsein geben, authentisch zu leben, ohne dabei die Bestätigung von irgendjemand anderem zu brauchen.

Ich bin eine Bereicherung.

Viele Queere Menschen verinnerlichen Diskriminierung und die fehlende Akzeptanz der Gesellschaft. Das lässt sie fühlen, als wären sie eine Belastung für andere. Du kannst diese internalisierten negativen Gedanken hinterfragen und zurückweisen, denn sie entsprechen nicht deiner Realität! Nimm dein authentisches Selbst liebevoll an, in dem Wissen, dass dein Sein ein Geschenk ist. Du verdienst Liebe, Mitgefühl und Unterstützung, genau so, wie du bist.

Es gibt viele Wege, zu transitionieren.

Auf der Reise einer Transition ist es wichtig, sich klarzumachen, dass es nicht den einen richtigen Weg für diesen Prozess gibt. Erkenne die Freiheit darin, zu definieren, was Transition für dich bedeutet. Ob dabei medizinische Behandlungen, soziale Transition oder persönliches Wachstum eine Rolle spielen, entscheidest allein du. Verwende diese Affirmation, wenn du dich von der Gesellschaft unter Druck gesetzt fühlst, auf eine bestimmte Art zu transitionieren.

Ich kann meine Pronomen ändern, wann immer ich will.

Einer der schönsten Aspekte der Queerness ist ihre Fluidität und die Fähigkeit, sich zu verändern und herauszufinden, wie man sich identifiziert. Du darfst entscheiden, wie du dein Geschlecht definierst, und es so ausdrücken, wie du möchtest. Diese Affirmation soll dich daran erinnern, dass du deine Pronomen jederzeit ändern kannst. Die richtigen Pronomen für dich zu finden, kann ein Prozess sein, und du hast die Freiheit, all das ausgiebig zu erkunden!

Ich feiere das wunderschöne Spektrum der Queeren Community.

Ich bin genug, so wie ich bin.

In einer Welt, die ständig versucht, Queere Menschen minderwertig fühlen zu lassen, ist es wichtig, zu wissen, dass du genug bist, so wie du bist. Du musst die unrealistischen gesellschaftlichen Erwartungen nicht erfüllen oder den Maßstäben von irgendwem genügen. Nimm liebevoll an, wer du in diesem Moment bist. Häng dir diese Affirmation an den Spiegel als tägliche Erinnerung, dass du genug bist, so wie du bist!

Ich habe Kraft und Stärke.

Authentisch zu sein, in einer Welt, die einen nicht immer versteht, erfordert viel Kraft. Den gesellschaftlichen Herausforderungen und Vorurteilen zum Trotz hast du eine Widerstandsfähigkeit, die dich jedes Hindernis überwinden lässt. Nimm diese Affirmation als ständigen Reminder an deine Stärke als Individuum sowie als Teil der Queeren Community. Du bist stark, und dein Sein in der Welt macht einen Unterschied.

Ich habe ein Recht auf Sicherheit und Stabilität.

Auch als Queerer Mensch hast du das Recht darauf, dich in allen Aspekten deines Lebens sicher und stabil zu fühlen. Du verdienst es, Räume zu haben, in denen du dich respektiert, wertgeschätzt und geschützt fühlst. Sei dir bewusst, dass du ein Leben frei von Diskriminierung, Vorurteilen und Schaden verdienst. Umgib dich mit Menschen, die dich aufnehmen und unterstützen, die dein Wohlbefinden in den Vordergrund stellen und dir die Sicherheit und Stabilität bieten, die du verdienst. Denke in Zeiten von Stress oder Ungewissheit an diese Affirmation.

Ich bin frei von den Erwartungen anderer.

Queere Menschen sind ständig gezwungen, sich den Erwartungen anderer anzupassen, in ihrem Aussehen, Verhalten usw. Nutze diese Affirmation, um dich daran zu erinnern, dass du nicht in Stereotypen passen oder den Vorstellungen anderer entsprechen musst. Lass dich nicht von den Erwartungen anderer Leute unterkriegen!

ICH VERDIENE GUTE FREUND*INNEN, DIE MICH AKZEPTIEREN.

Ich darf über meine Orientierungen/ mein Geschlecht verwirrt sein.

Geschlecht und Orientierung sind so weitreichende und fließende Konzepte, dass es wirklich schwierig sein kann, zu verstehen, was sich für dich richtig anfühlt. Queerness ist eine Reise, und du darfst dir Zeit und Raum geben, um es für dich herauszufinden! Es ist in Ordnung, wenn du gerade noch nicht alles weißt. Nutze diese Affirmation, wenn du dich unter Druck gesetzt fühlst, alles herausfinden zu müssen.

Ich erlaube niemandem, Macht über mich zu haben.

Du bestimmst über dein Leben. Menschen versuchen oft, anderen ihre eigenen Vorstellungen aufzuzwingen, darum denk daran, dass du deinen Wert in dieser Welt selbst festlegen kannst. Niemand hat diese Macht über dich, es sei denn, du gibst sie her. Du bist valide, so wie du bist – und niemand kann dir das nehmen!

Ich stehe voll und ganz zu meiner einzigartigen Reise.

Dein Weg ist anders als der aller anderen! Indem du deine einzigartige Reise annimmst, gestehst du dir zu, so zu sein, wie du bist, ohne Einschränkungen und ohne Vergleiche. Lass dies eine Erinnerung daran sein, deine Erfahrungen mit Liebe anzunehmen und Kraft in dem Wissen zu finden, dass deine Reise ein Beweis für deine Stärke und dein einzigartiges Selbst ist.

Meine Queerness zu feiern, bedeutet Selbstliebe und Empowerment.

Nimm deine Queerness liebevoll an und liebe dich selbst! Indem du deine einzigartige Identität feierst, bestätigst du dir dein authentisches Selbst. Indem du deine Queerness feierst, vermittelst du anderen das Gefühl, dass auch sie ihre Queerness feiern können! Zelebriere sie ohne Hemmungen und in dem Wissen, dass es ein Ausdruck von Liebe, Widerstandsfähigkeit und Selbstakzeptanz ist.

ICH GENIESSE DIE *Freiheit*, JENSEITS DER *Binarität* ZU LEBEN.

Ich erkenne mein wahres Selbst an, so wie ich bin.

Es ist ein kraftvoller Akt der Selbstakzeptanz und der Selbstachtung, das eigene wahre Selbst wertzuschätzen. Indem du deine authentische Identität anerkennst, würdigst du die einzigartige Kombination von Erfahrungen, Gefühlen und Eigenschaften, die dich zu dem Menschen machen, der du bist. Achte darauf, dein eigenes Wohlbefinden in den Vordergrund zu stellen und deinen Werten, Wünschen und Träumen treu zu bleiben.

Ich bin wider-standsfähig.

Schätze die kollektive Stärke wert, die die Queere Community dir geben kann. Queere Menschen müssen in ihrem Leben so viele Herausforderungen meistern. Dies ist dein Reminder, dass du stark und widerstandsfähig bist, wenn du dich mit Widrigkeiten konfrontiert siehst. Die Queere Community wird dir immer zur Seite stehen und dir helfen. Wiederhole diese Affirmation, wenn du Herausforderungen in deinem Leben begegnest.

Ich kann alle Herausforderungen meistern, die sich mir stellen.

Queere Menschen sind oft mit Herausforderungen und Konflikten mit anderen konfrontiert. Sei dir bewusst, dass du jede Widrigkeit, die auf dich zukommt, meistern kannst und gestärkt und widerstandsfähiger daraus hervorgehst. Du hast schon so viel geschafft. Nutze deine Kraft weiterhin, um dich durchzubringen. Du bist mehr als fähig, alles zu bewältigen, was auf dich zukommt.

Ich stehe über Diskriminierung und Widrigkeiten.

Du darfst dich über alle Vorurteile anderer hinwegsetzen. Queere Menschen sind ständig Diskriminierung ausgesetzt, darum sei dir bewusst, dass du in der Lage bist, dich von Negativität nicht unterkriegen zu lassen! Indem du dich über Widrigkeiten hinwegsetzt, gewinnst du nicht nur die Kontrolle zurück, sondern hilfst auch anderen, sich befähigt zu fühlen, dasselbe zu tun.

ICH WÜRDIGE
DIE

ÜBERSCHNEIDUNGEN MEINER IDENTITÄTEN

Ich freue mich über die Schönheit unterschiedlicher Erfahrungen.

Die Queere Community ist voll von einzigartigen Geschichten, Reisen und Perspektiven, die uns zu den Individuen machen, die wir sind! Wir sollten den Reichtum feiern, den wir in diesen Unterschieden erkennen. Niemandes Erfahrungen oder Geschichten sind gleich, und genau das macht die Queere Community so schön. Indem wir die verschiedenen Erfahrungen schätzen und würdigen, schaffen wir einen Raum, in dem sich alle gesehen, gehört und geliebt fühlen.

Veränderung ist möglich.

Manchmal ist es schwer, die Hoffnung auf eine bessere Zukunft für Queers zu bewahren, aber Entwicklung ist möglich! Du kannst deiner Community helfen, zusammenzukommen und für Aufruhr zu sorgen. Wir sind stärker, wenn wir uns zusammenschließen, und dies ist dein Reminder, dass Veränderung möglich ist, wenn wir zusammenarbeiten!

Ich trage dazu bei, unterdrücke-rische Systeme abzuschaffen.

Queerness ist in sich schon ein Akt des Widerstands gegen unterdrückerische Systeme! Jeder Akt des Widerstands gegen den Status quo trägt zu einer helleren und inklusiveren Zukunft bei. Gemeinsam sind wir eine unbändige Kraft, die sich weigert, zum Schweigen gebracht oder kleingehalten zu werden! Bleibe dir selbst treu, melde dich zu Wort und reiße Barrieren nieder.

Ich bin umgeben von Liebe und Support.

Umgib dich mit Liebe und Unterstützung und schaffe einen Safe Space für dich selbst. Finde eine Familie von Verbündeten, die deine Queerness anerkennen und akzeptieren und die dir Mut zusprechen. Du verdienst positiven Rückhalt. Schenke dir selbst Offenheit, um die Liebe und Unterstützung zu erhalten, die du als dein authentisches Selbst verdienst.

ICH LIEBE
IN ALL

MEINEN KÖRPER
SEINEN FORMEN.

Ich muss mein Sein niemandem erklären.

Du bist nicht verpflichtet, deine Queere Identität vor anderen zu rechtfertigen oder zu erklären. Deine Wahrheit und dein Selbstausdruck sind valide, unabhängig vom Verständnis oder der Akzeptanz anderer. Genieße die Freiheit, so zu sein, wie du bist, ohne die Last, den Erwartungen anderer entsprechen zu müssen. Deine Queerness gehört dir, und du darfst sie ganz ohne Vorurteile feiern. Lebe authentisch und nutze diese Affirmation, um dich daran zu erinnern, dass du keine Erklärungen oder Entschuldigungen brauchst, um dein wahres Selbst wertzuschätzen.

Ich bin unabhängig von den Vorurteilen anderer.

Es ist nicht deine Aufgabe, diejenigen aufzuklären oder umzustimmen, die deinen Wert nicht anerkennen oder verstehen. Konzentriere dich stattdessen darauf, dich selbst wertzuschätzen und zu respektieren, und umgib dich mit Menschen, die dein authentisches Selbst bereits anerkennen und lieben. Du investierst deine Energie besser, indem du Räume der Liebe und Akzeptanz kultivierst, in denen deine Queerness ohne Hinterfragen oder Erwartungen gefeiert wird. Denk daran, dass dein Selbstwert nicht von der Bestätigung oder dem Verständnis anderer abhängt.

Ich bin eine Kraft der Veränderung.

Wenn du deine Queerness akzeptierst und dich für Gleichberechtigung und Akzeptanz einsetzt, bewirkst du Veränderungen. Deine Stimme, dein Handeln und deine Präsenz stellen gesellschaftliche Normen infrage, bauen Barrieren ab und inspirieren andere, für ihre eigenen Rechte einzutreten. Nimm deine Rolle als Teil des Wandels an und sei dir bewusst, dass dein Einsatz zu einer inklusiveren und akzeptierenderen Welt für alle Queeren Menschen beiträgt. Zusammen können wir eine Zukunft erschaffen, in der alle authentisch und ohne Angst leben können.

Ich bin in der Lage, Großes zu erreichen.

Queere Menschen haben oft Angst, dass sie wegen ihrer Identität etwas nicht realisieren können, das sie sich für ihr Leben wünschen. Deine Identität schränkt dein Potenzial nicht ein – im Gegenteil, sie verleiht dir Tiefe und Reichtum. Glaub an dich und deine Fähigkeiten, denn du hast die Kraft, Erstaunliches zu leisten. Du kannst in jedem Aspekt deines Lebens Großes erreichen und die Welt um dich herum nachhaltig beeinflussen.

ICH EBNE DEN WEG FÜR EINE *Welt*, DIE ALLE *mitdenkt.*

Meine Stärke hat mich so weit gebracht.

Erinnere dich an deine Widerstandsfähigkeit und deinen Mut, die du in dir trägst. Erkenne die Kämpfe an, die du ausgefochten hast, und die Fortschritte, die du gemacht hast. Erkenne, dass all das ein Beweis für deinen starken Geist ist. Deine Kraft ist eine dauerhafte Inspirationsquelle, die dich an die unglaublichen Ziele erinnert, die du erreichen kannst, wenn du deinen einzigartigen Weg weitergehst. Nutze diese Affirmation, wenn du dich entmutigt fühlst.

Ich gebe mir selbst die Liebe und den Respekt, die ich verdiene.

Queers sollten nicht zulassen, dass andere Menschen ihre alleinige Quelle der Unterstützung und Liebe sind – denn du bist die wichtigste Person in deinem Leben. Indem du dir selbst die Liebe und den Respekt entgegenbringst, die du verdienst, schaffst du eine stabile Grundlage für dein persönliches Wachstum und Wohlbefinden. Schätze dich selbst wert, achte deine Grenzen und stelle dein eigenes Glück in den Vordergrund.

Heraus-forderungen stelle ich mich mit Mut und Würde.

Als Queerer Mensch hast du mit der Bewältigung von Hindernissen in deinem Leben enorme Widerstandsfähigkeit bewiesen. Jede Queere Person trifft auf ihrem Weg der Selbstfindung unweigerlich auf Herausforderungen, aber die Einstellung, mit der man sie angeht, ist das, was zählt. Denk daran: Du hast die Kraft und Entschlossenheit, dich jeder Herausforderung mit Mut und Würde zu stellen, und du wirst gestärkt aus ihr hervorgehen.

Jede Herausforderung ist eine Chance für Wachstum.

Im Laufe des Lebens wird man ständig mit Widrigkeiten konfrontiert, aber man kann sie als Chance für Veränderung und Wachstum wahrnehmen. Als Queerer Mensch kannst du Herausforderungen annehmen, mit ihnen zu persönlichem Wachstum finden und dich selbst entdecken. Versuche, eine Widrigkeit als eine Art Sprungbrett zu betrachten. Nimm jede Herausforderung als Möglichkeit an, eine bessere Zukunft für dich selbst zu erschaffen!

ICH STEHE SELBSTBEWUSST ZU MEINER WAHRHEIT!

Ich bringe eine neue Perspektive in die Welt.

Deine einzigartigen Erfahrungen als Queere Person hinterfragen gesellschaftliche Normen und erweitern die Grenzen von Akzeptanz und Inklusivität. Deine Existenz reißt Barrieren nieder und ebnet den Weg für eine Zukunft, die alle miteinschließt. Mach dir die Ausdruckskraft deiner Stimme und den Einfluss zu eigen, den sie auf die Gestaltung einer akzeptierenden und verständnisvollen Welt hat. Nimm deine Rolle als Wegbereiter*in an. Sei dir im Klaren darüber, dass deine Perspektive ein wesentlicher Bestandteil des kollektiven Fortschritts und Wandels ist.

In gemeinsamen Erfahrungen finde ich Unterstützung.

Im Austausch mit anderen, die einen ähnlichen Weg hatten wie du, kannst du Kraft und Trost finden. Wenn ihr gemeinsame Erfahrungen anerkennt und liebevoll annehmt, schafft ihr ein Gefühl der Zugehörigkeit und des Verständnisses. Es fühlt sich sehr empowernd an, sich mit so vielen anderen in der Queeren Community identifizieren zu können. Durch diese Verbindungen kannst du Bestätigung, Empathie und Widerstandsfähigkeit finden und Verbindungen schaffen, die dich daran erinnern, dass du mit deiner Queerness nie allein bist.

Ich ebne den Weg für andere.

Durch deine authentische Selbstakzeptanz und indem du deine Wahrheit lebst, wirst du zu einem Leuchtfeuer der Hoffnung und Inspiration für andere Queere Menschen. Wenn du du selbst bist, bist du ein*e Wegbereiter*in und jemand, an dem sich andere ein Beispiel nehmen können. Deine Sichtbarkeit und Widerstandskraft inspirieren andere dazu, ihre Identität anzunehmen, größer zu träumen und authentisch zu leben. Gemeinsam können wir eine Welt erschaffen, in der künftige Generationen gedeihen können und für das wertgeschätzt werden, was sie sind.

Ich darf Glück empfinden.

Queer zu sein, bringt Herausforderungen und oft auch Angst mit sich. Wenn du aber bewusst zulässt, Freude zu empfinden, nimmst du dein Recht wahr, jeden Aspekt deiner Identität und Existenz wertzuschätzen. Queeres Glück ist ein Akt des Widerstands und der Selbstliebe! Strahle das aus und inspiriere andere, ihr eigenes Glück zu finden in dieser Welt, die versucht, Queere Freude zu unterdrücken. Wiederhole diese Affirmation für dich selbst, wenn es dir schwerfällt, loszulassen und den Moment zu genießen.

QUEER
PRIDE

MEINE BEZIEHUNG DEFINIERT NICHT MEINE SEXUALITÄT.

Ich verhindere, dass der Hass mich trifft.

Als Queere Person bist du wahrscheinlich Hass und Diskriminierung begegnet. Doch im Angesicht solcher Negativität stehst du aufrecht und unerschütterlich in deiner Authentizität. Weigere dich, dein Selbstwertgefühl durch Negativität beeinträchtigen zu lassen. Wappne dich mit Selbstliebe und Akzeptanz, und denke daran, dass die Engstirnigkeit der Menschen dich nicht definiert. Kämpfe weiter, unnachgiebig und kompromisslos und in dem Wissen, dass du Respekt und Liebe verdienst und Hass dich nicht angreifen kann.

Ich liebe die Stärke und Einzigartigkeit meines Körpers.

Dein Körper trägt dich durch eine Welt, die oft versucht, ihn zu entwerten. Lass die gesellschaftlichen Erwartungen und Normen los, und feiere stattdessen, wie großartig dein Körper ist, genau so, wie er ist. Schätze deinen Körper wert, pflege ihn und lasse ihn eine Quelle des Stolzes und der Dankbarkeit sein. Liebe die Kraft und Schönheit deines einzigartigen Körpers, denn er ermöglicht es dir, Hindernisse zu überwinden und dein authentisches Strahlen in die Welt zu tragen.

Mein Wert ist unabhängig von gesellschaftlichen Normen.

In einer Welt, die versucht, dich durch gesellschaftliche Normen einzuschränken, erhebe dich und bestehe auf deinem Wert! Dein Selbstwert wird nicht durch enge Erwartungen oder die Anpassung an Normen definiert. Lass dich mit dieser Affirmation daran erinnern, dass du von Natur aus wertvoll bist und Liebe, Respekt und Selbstakzeptanz verdienst. Nimm dein authentisches Selbst mit Liebe an und lehne alle Einschränkungen ab. Wiederhole diese Affirmation als Reminder an deinen inneren Wert und die Kraft, authentisch du selbst zu sein.

Ich lasse alle Scham los, die ich verinnerlicht habe.

Du bist imstande, alle Scham loszulassen, die du über deine Identität oder dein Queersein empfindest. Die Gesellschaft versucht oft, zu erreichen, dass Queere Menschen sich für sich selbst schämen. Wenn du aber jegliche verinnerlichte Scham anerkennen und loslassen kannst, schaffst du Raum für Selbstakzeptanz, Liebe und Wachstum. Wiederhole diese Affirmation auf deinem Weg zu Selbstliebe und Befreiung. Du verdienst es, authentisch zu leben – ohne die Last der Scham.

MEINE STIMME MACHT EINEN UNTERSCHIED!

Ich feiere jeden Meilenstein meiner Queerness.

Jeder Schritt nach vorn, egal wie klein, ist wichtig für dein Wachstum. Schätze die großen und kleinen Errungenschaften wert und würdige die Fortschritte, die du auf deinem Queeren Weg gemacht hast. Egal, ob es sich um ein Coming-out, eine geschlechtsangleichende Behandlung, den ersten Queeren Crush oder die Änderung der Pronomen handelt: Nimm dir einen Moment Zeit, diese Meilensteine anzuerkennen und dich dafür zu feiern! Lass diese Affirmation dich daran erinnern, Freude an jedem Aspekt deiner Queeren Reise zu finden.

Glücklich-sein ist mein Geburtsrecht.

Die Gesellschaft versucht möglicherweise, deine Gefühle und deinem Glück zu untergraben, deshalb denke daran, dass jeder Mensch auf dieser Welt es verdient, glücklich zu sein. Bestehe auf deinem Glück und empfinde Queere Freude trotz aller Hindernisse. Nimm deine Authentizität an und lass sie dein Glück beflügeln! Du verdienst es, dich gut zu fühlen und mit Freude als Queerer Mensch zu leben.

Ich spreche meinen Queeren Geschwistern Mut zu und unterstütze sie.

Du bist imstande, unsere Community zu unterstützen und ihr beizustehen, und das ist eine entscheidende Verantwortung. In einer Welt, die oft versucht, uns zu spalten, wird unsere Solidarität zu einer starken Kraft für Veränderung. Indem wir einander aufbauen und Mut zusprechen, schaffen wir ein sicheres und fürsorgliches Umfeld, in dem wir uns alle entfalten können. Tu dein Bestes, um deine Queere Familie zu unterstützen, und sie wird das Gleiche für dich tun.

Ich verbreite überall Mitgefühl und Akzeptanz.

Weil du weißt, wie es sich anfühlt, nicht akzeptiert zu werden, teilst du Positivität und Akzeptanz mit anderen um dich herum. Deine Anwesenheit, deine Worte und Taten können dazu führen, dass sich andere Menschen akzeptiert und geliebt fühlen. Mach dir diese Kraft zunutze, wo immer du hingehst, und sei dir bewusst, dass du ein Leuchtfeuer der Hoffnung für andere bist. Auch wenn es schwierig sein mag, denk daran, die Liebe zu verbreiten, die du empfangen willst.

MEIN KÖRPER UND MEINE GESCHLECHTS-IDENTITÄT SIND UNABHÄNGIG VONEINANDER

Ich befreie mich von der Last gesellschaftlicher Erwartungen.

Als Queerer Mensch kennst du vielleicht die Last, dich an Normen anzupassen, die nicht deinem wahren Selbst entsprechen. Wenn du diese Erwartungen loslässt, gewinnst du deine Selbstbestimmung zurück und ebnest den Weg für Selbstentdeckung und Selbstakzeptanz. Vertraue auf deinen eigenen Weg und sei dir bewusst, dass dein Wert nicht durch äußere Normen definiert wird. Erkenne die Freiheit, die sich daraus ergibt, dass du dein Leben nach deinen eigenen Vorstellungen lebst, und du wirst beobachten können, wie dein Leben aufblüht.

Ich habe als Queere Person ein Existenzrecht.

Deine Identität ist valide und deine Existenz in dieser Welt wertvoll und wichtig. Niemand darf dir deinen Wert aberkennen oder deine Existenz leugnen. Bleibe standhaft, kompromisslos und stolz auf das, was du bist. Nimm es als Wahrheit an, dass deine Existenz als Queerer Mensch ein schöner und wesentlicher Teil unserer vielfältigen Welt ist. Wiederhole diese Affirmation als Reminder an dein angeborenes Recht, zu leben, gesehen und wertgeschätzt zu werden!

Ich erkenne meine eigenen Erfahrungen an.

Deine gelebten Erfahrungen sind valide und bedeutsam, und du kannst dich immer darauf verlassen, dass das wahr ist. Wenn du deine eigenen Erfahrungen anerkennst, gewinnst du deine Stimme zurück und betonst die Bedeutung deiner Geschichte. Erinnere dich daran, dass deine Erfahrungen wichtig sind und es verdienen, anerkannt und gewürdigt zu werden, sowohl von dir selbst als auch von anderen.

Ich ersetze Selbstzweifel durch Selbst-mitgefühl.

In Momenten des Selbstzweifels hast du die Möglichkeit, deine Denkweise zu ändern und sie durch Mitgefühl zu ersetzen. Anstatt zuzulassen, dass der Zweifel dich auffrisst, entscheide dich dafür, sanft und liebevoll dir gegenüber zu sein. Als Queerer Mensch zweifelst du vielleicht manchmal an deinen Gefühlen, dabei ist es wichtig, mitfühlend und geduldig mit dir selbst zu sein! Sieh Selbstmitgefühl als ein mächtiges Werkzeug an, um negativen Gedanken und Überzeugungen entgegenzuwirken.

MEINE QUEERNESS IST UNABHÄNGIG VON MEINEM AUSSEHEN.

Ich nutze die Kraft der Achtsamkeit.

Als Queere Person kann Achtsamkeit eine kraftvolle Strategie sein, um die Herausforderungen des Lebens zu meistern. Indem man sich voll und ganz auf den gegenwärtigen Moment konzentriert, entwickelt man ein tieferes Gefühl für Selbstwahrnehmung, Akzeptanz und Mitgefühl. Nutze die Achtsamkeit, um dich zu erden, Trost in der Gegenwart zu finden und Herausforderungen mit Klarheit und Frieden zu begegnen.

Ich lasse die Energie des Universums durch mich fließen.

Erlaube dir, offen zu sein für die positive Energie, die dich umgibt, und dich mit der Welt auf eine authentische und kraftvolle Weise zu verbinden. Wiederhole diese Affirmation, um geerdet und verbunden zu bleiben. Die Energie des Universums unterstützt und führt dich auf deinem Weg. Lass die positive Energie durch dich hindurchfließen und sei empowert, ein Leben zu erschaffen, das mit deinem authentischen Selbst in Einklang steht.

Ich respektiere alle spirituellen Wege anderer Queers.

Respekt und Akzeptanz stehen im Mittelpunkt der Queeren Community. Erkenne, dass die Queere Reise eines jeden Menschen zutiefst persönlich und valide ist. Wenn wir unterschiedliche spirituelle Überzeugungen respektieren und wertschätzen, fördern wir ein Gefühl der Einigkeit und schaffen einen Safe Space für alle Queeren Menschen. Wiederhole diese Affirmation, um anderen mit einem offenen Herzen und Verstand zu begegnen und die Schönheit unserer gemeinsamen Erfahrungen zu erkennen.

Ich werde von einer höheren Macht unterstützt und geführt.

Sei dir bewusst, dass du von einer höheren Macht unterstützt wirst, was auch immer das für dich bedeuten mag. Vertraue auf die spirituelle Energie, die durch dein Leben fließt und dir auf deinem Weg Kraft und Mut gibt. Glaube daran, dass du nie allein bist, weil du von einer Macht gehalten wirst, die größer ist als du selbst. Wenn du persönlich nicht an eine höhere Macht glaubst, kannst du diese Affirmation gerne mit Menschen in deinem Leben teilen, die es tun!

Ich bin mehr als meine Äußerlichkeiten.

Ich befinde mich auf dem Weg der Heilung.

Queers heilen unablässig von gesellschaftlichen Zwängen und Normen. Als Queerer Mensch hast du die Fähigkeit, offen dem Leben gegenüber zu bleiben, was dir helfen kann, vergangene Traumata oder Wunden zu heilen. Wiederhole diese Affirmation, wenn du dich daran erinnern willst, dass das Leben ein Prozess und Heilung ein Teil des Weges ist.

Ich gebe mir Zeit und Raum, um Traumata zu verarbeiten.

Gib dir selbst die Erlaubnis, jeden anhaltenden Schmerz in deinem Herzen loszulassen. Queerness bringt oft Herausforderungen mit sich, aber wenn du diese erkennst und dir die Zeit und den Raum gibst, um sie zu verarbeiten, kannst du sie überwinden. Suche die Unterstützung deiner Community und sei geduldig mit dir selbst, während du heilst.

Ich habe die Fähigkeit, zu heilen und zu überleben.

Die Geschichte der Queeren Community zeigt immer wieder, dass wir stark sind und Widerstände überwinden können. Auch du als Queeres Individuum besitzt diese Kraft, und du bist nie allein. Erkenne, dass du nicht nur heilen und dadurch überleben, sondern auch aufblühen und dein Leben in vollen Zügen genießen kannst – denn ja, das ist möglich.

Ich finde Support und die Ressourcen, die ich brauche.

Wenn du erkennst, dass du Hilfe und Unterstützung brauchst oder sie dir wünschst, wirst du diese auch finden. Die Queere Community steht immer hinter dir und ist bereit, dich auf deinem Weg zu unterstützen. Suche nach Netzwerken, Communitys und Organisationen, die dir helfen können! Am Ende dieses Buches findest du einige Empfehlungen und Anlaufstellen. Sei dir bewusst, dass es Unterstützung für dich gibt.

ICH VERDIENE ES,
RAUM
IN DIESER WELT
EINZUNEHMEN.

Mein Wert ist frei von der Ablehnung, die ich erfahren habe.

Als Queerer Mensch triffst du auf Ablehnung, aber das schmälert deinen Wert nicht. Deine Identität und dein Wert gehen über die Meinungen und Handlungen derer hinaus, die dich ablehnen oder missverstehen. Akzeptiere die Wahrheit: Dein Wert kann nicht durch Ablehnung geschmälert werden. Nimm dein authentisches Selbst mit Liebe an und befreie dich von den Urteilen anderer. Deine Identität ist valide und schön, unabhängig davon, wer dich akzeptiert oder ablehnt.

Ich bin stärker als der Hass.

Als Queere Person bist du mit Hass und Diskriminierung konfrontiert, aber das wird deine Widerstandskraft nicht angreifen. Sei dir bewusst, dass Hass dich nicht definiert. Du verdienst Respekt und Liebe. Nimm diese Affirmation für dich an und erlaube dir, dich über all die Negativität zu erheben. Lasse deine innere Stärke und deinen Stolz aufleuchten, strahle Positivität aus und inspiriere andere, es dir gleichzutun.

Ich verdiene Respekt und Gleichberechtigung.

Dein Wert wird nicht durch Bewertungen oder Vorurteile anderer definiert. Verlange, als du selbst gesehen und gehört zu werden, und gib dich niemals mit weniger zufrieden als dem Respekt und der Gleichheit, die du verdienst. Nimm diese Affirmation als Reminder, dass es wichtig ist, für deine Rechte einzutreten. Lass dich davon motivieren, Ungerechtigkeiten zu bekämpfen, Barrieren abzubauen und eine Welt zu erschaffen, in der jede Queere Person mit Würde und Gleichheit behandelt wird.

Ich weigere mich, den Hass der anderen zu verinnerlichen.

Der Hass, den du vielleicht von anderen zu spüren bekommst, spiegelt nicht deinen Wert wider. Queere Menschen werden wohl immer Hass ertragen müssen, aber weigere dich, diese negativen Gedanken und Worte an dich heranzulassen. Lasse den Hass an dir abperlen und sei weiterhin die starke, schöne und empowerte Queere Person, die du bist.

ICH DARF KLEIDUNG TRAGEN, DIE ZEIGT, WER ICH BIN.

Mein Wert ist unabhängig von sexuellen oder romantischen Beziehungen.

Dein Wert als Mensch hängt nicht von deinem Beziehungsstatus oder der Bestätigung anderer ab. Queers haben oft das Gefühl, dass ihre Identität an ihre Erfahrungen geknüpft ist. Diese Affirmation soll dir dabei helfen, dich von allen sexuellen oder romantischen Erwartungen zu lösen. Du musst keine romantischen oder sexuellen Begegnungen gehabt haben, um zu wissen, dass du Queer bist. Du verdienst Liebe, Respekt und Anerkennung, unabhängig von deinem Beziehungsstatus.

Binärität ist ein menschengemachtes Konzept.

Die Zweigeschlechtlichkeit ist ein von Menschen erdachtes Konzept, das uns in zwei Gruppen von Männern und Frauen einteilt. Diese Vorstellung schränkt uns ein, doch als Queere Person weißt du, dass sich menschliche Erfahrungen nicht in starre Kategorien pressen lassen. Nimm dir die Freiheit, jenseits des binären Systems zu existieren. Denke daran, dass du nicht durch die Versuche der Gesellschaft, dich zu labeln oder zu definieren, eingeschränkt bist. Verwende diese Affirmation, um dich daran zu erinnern, dass du wunderbar komplex bist und dich den Einschränkungen des Binären entziehen kannst.

MEINE
Männlichkeit
IST
UNABHÄNGIG
VON MEINER
Femininität

Meine Asexualität ist valide und echt.

In einer Welt, in der es oft um sexuelle Anziehung geht, ist es wichtig, sich in der eigenen Identität als asexuelle Person zu empowern! Bekenne dich deiner wahren Identität, denn sie ist genauso valide wie jede andere Orientierung. Wenn du asexuell bist, schreibe dir diese Affirmation doch an deinen Spiegel, um dich jeden Tag daran zu erinnern, dass du gut bist, so wie du bist. Wenn du dich nicht als asexuell definierst, erzähle asexuellen Menschen in deinem Umfeld von dieser Affirmation, sodass sie sich wertgeschätzt fühlen!

Meine Identität als Queere Person of Colour ist wunderschön.

Nimm die Schönheit deiner sich überschneidenden Identitäten an und schätze die Kraft wert, die sich daraus ergibt. Dein Sein ist Beweis für die Widerstandsfähigkeit und den Reichtum der Vielfalt. In einer Welt, die versucht, deinen Wert zu schmälern, sei stolz auf deine Existenz! Deine Identität als Queere Person of Colour ist ein lebendiger Teil im großen Ganzen der Queeren Community.

Ich liebe es, wie meine Identität in Bezug auf Race und meine Queerness miteinander verwoben sind.

Die Identität in Bezug auf Race ist häufig entscheidend dafür, wie Menschen ihre eigene Queerness ausleben. In einer Welt, die Leute oft in Schubladen stecken und kategorisieren will, solltest du den Reichtum feiern, der aus der Verflechtung deiner verschiedenen Erfahrungen entsteht. Sei dir bewusst, dass deine intersektionale Identität eine Quelle der Stärke ist und du das Recht hast, jeden Aspekt deiner selbst zu feiern.

Ich definiere meine eigene Femininität/ Maskulinität.

Lehne gesellschaftliche Erwartungen und Normen ab und erkenne stattdessen den einzigartigen Ausdruck deiner Geschlechtsidentität an. Egal, ob sie mit traditionellen Vorstellungen übereinstimmt oder sie infrage stellt, deine selbst definierte Femininität oder Maskulinität ist wunderschön und valide. Du darfst dein Geschlecht so gestalten und verkörpern, wie es deinem authentischen Selbst entspricht.

MENSCHEN ALLER GESCHLECHTER BEKOMMEN IHRE PERIODE.

Meine Liebe zu Frauen ist wunderschön und valide.

Deine Liebe zu Frauen ist ein tiefer Ausdruck deiner Identität und zeigt die Vielfalt der Queeren Liebe. Deine Liebe zu Frauen beweist, dass Anziehung fließend und schön sein kann! Sprich diese Affirmation, wenn du eine Frau bist, die andere Frauen liebt, oder wenn du bisexuell/pansexuell bist und einen Reminder brauchst, dass deine Liebe zu Frauen genau richtig ist!

Meine Liebe zu Männern ist wunderschön und valide.

Deine Liebe zu Männern überwindet Hindernisse, stellt gesellschaftliche Normen infrage und holt uns allen den Reichtum und die Vielfalt der Queeren Liebe ins Bewusstsein. Wiederhole diese Affirmation, wenn du ein Mann bist, der andere Männer liebt, oder wenn du bisexuell/pansexuell bist und einen Reminder brauchst, dass deine Liebe zu Männern valide ist!

Ich feiere die
gesunder

Ausdrucksformen Maskulinität

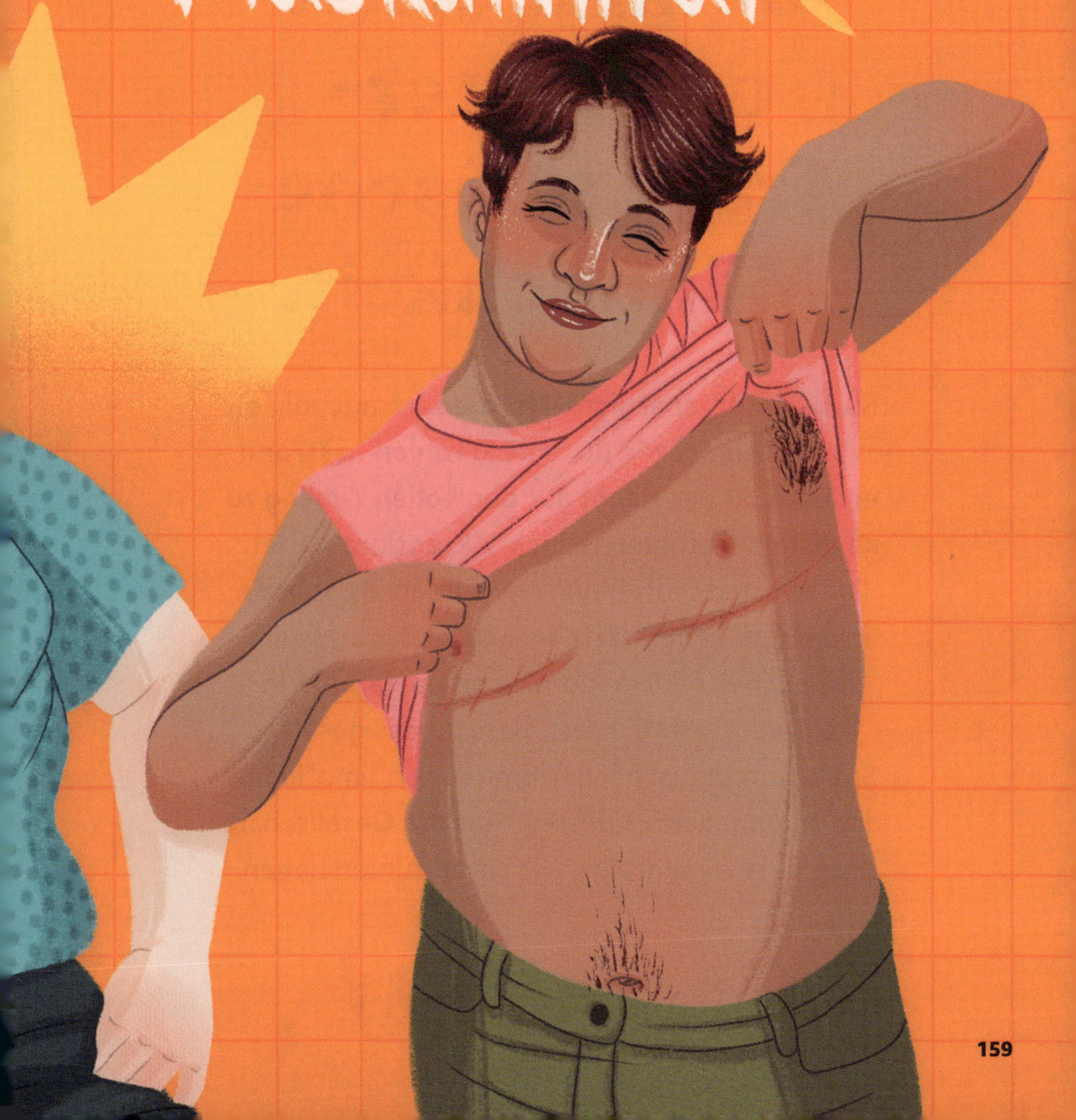

Ich nehme meine Gefühle ernst und hinter-frage toxische Männlichkeit.

Stelle gesellschaftliche Normen infrage, die dir vorschreiben, wie du dich zu fühlen hast, und erobere dir das Recht auf den vollen Zugang zu all deinen Gefühlen zurück. Akzeptiere Verletzlichkeit und Einfühlungsvermögen als Stärken in deinem Leben statt als Schwächen. Wiederhole diese Affirmation, wenn du daran erinnert werden möchtest, dass du das gesamte Spektrum menschlicher Emotionen empfinden darfst, ungeachtet dessen, was die Gesellschaft Männern vorschreibt, wie sie zu fühlen haben.

Ich bin sicher in meiner Maskulinität.

Deine Maskulinität wird nicht durch starre Stereotypen definiert. Du hast die Entscheidungsmacht, sie selbst zu definieren und stolz darauf zu sein. Wenn du dich mit Aspekten der Maskulinität identifizierst, unabhängig davon, welches Geschlecht du hast, erinnere dich daran, dass du dich in dir selbst sicher fühlen kannst und keine Bestätigung von anderen brauchst.

Ich wähle Liebe und Respekt statt Aggression und Dominanz.

Als Queere Person wirst du auf Hass und Diskriminierung treffen, aber denke daran, dass du stark bist und mit Liebe und Respekt kontern kannst. Und wenn du dich als Mann identifizierst, hilft es dir, Liebe und Respekt über Aggression und Dominanz zu stellen, um gegen toxische Männlichkeit anzukommen. Wiederhole diese Affirmation, wenn du dich daran erinnern möchtest, Hass mit Liebe zu begegnen.

Ich stehe zu meinen femininen Eigenschaften.

Femininität wird in unserer Gesellschaft oft als Schwäche angesehen. Du darfst aber selbst definieren, was Femininität für dich bedeutet. Lass dir von niemandem einreden, dass Femininität nicht stark ist. Erlaube dir, so feminin zu sein, wie du willst, unabhängig davon, was die Gesellschaft sagt.

Ich liebe meinen transitionierenden Körper.

Meine Femininität ist wertvoll.

Deine Femininität ist eine Stärke, keine Schwäche. Egal, ob du dich als Frau identifizierst oder einfach nur feminine Eigenschaften besitzt: Sei dir im Klaren, dass Femininität eine unglaubliche Kraft ist – eine Quelle des Empowerments und Authentizität. Zelebriere die verschiedenen Ausdrucksformen der Feminität in dir und sei dir bewusst, dass deine Femininität die Welt um dich herum bereichert und längst überholte Normen infrage stellt. Sprich diese Affirmation, wenn du dich in Bezug auf deine Femininität unsicher fühlst.

Ich hinterfrage Normen und feiere Nonkonformität.

Löse dich von den Zwängen der gesellschaftlichen Normen und feiere die Schönheit der Nonkonformität! Als Queerer Mensch hast du die Macht, den Status quo infrage zu stellen und neu zu definieren, was es bedeutet, authentisch zu sein. Nimm deine Einzigartigkeit an, hinterfrage unterdrückende Normen kritisch und ebne den Weg für eine inklusivere und akzeptierendere Welt. Wiederhole diese Affirmation, um den Mut zu haben, dich den Erwartungen zu widersetzen und dein wahres Selbst zu feiern.

Ich setze mich gegen Unterdrückung und für Befreiung ein.

Zu erkennen, wie dringend Veränderungen nötig sind, ist für Queere Personen besonders wichtig. Stelle dafür die Strukturen, die Ungleichheit und Ungerechtigkeit aufrechterhalten, infrage. Nutze dafür deine Stimme, um marginalisierten Menschen Gehör zu verschaffen und für eine gerechtere Welt zu kämpfen. Wiederhole diese Affirmation als Erinnerung an deine Macht, unterdrückerische Systeme zu durchbrechen und Raum für Befreiung zu schaffen. Dein Aktivismus und dein Engagement haben das Potenzial, Leben zu verändern und nachhaltig Wirkung zu zeigen.

Ich halte die Queeren Weg-bereiter*innen in Ehre.

Würdige die Pionier*innen, die den Weg für die Queere Community geebnet haben, indem du ihre Opfer und Beiträge anerkennst. Bewundere das Vermächtnis der Queeren Menschen, die vor dir da waren. Sie haben unermüdlich für die Rechte und die Sichtbarkeit gekämpft, die du heute genießt. Lass dich von ihrem Mut und ihrer Widerstandsfähigkeit inspirieren und setze ihren Kampf fort. Sprich diese Affirmation als Tribut an diejenigen, die vor dir kamen, und erkenne ihre unschätzbaren Beiträge auf dem Weg zur Gleichberechtigung an.

ICH PRIORISIERE MEIN
QUEER BABE
UND MEINE

WOHLBEFINDEN
SELBSTFÜRSORGE.

Ich trage ein Erbe der Widerstands-fähigkeit und Stärke weiter.

Sei dir bewusst, dass du Teil einer Reihe von Queeren Menschen bist, die viele Herausforderungen gemeistert haben und gestärkt daraus hervorgegangen sind. Indem du dieses Vermächtnis weiterführst, wirst du zu einem Leuchtturm der Hoffnung und Inspiration für andere, wodurch sie ihre eigene Widerstandsfähigkeit erkennen und ihren Weg empowert weitergehen können. Wiederhole diese Affirmation, um dich daran zu erinnern, dass du Teil eines größeren Ganzen bist.

Ich schätze ältere LGBTQIA+-Menschen und lerne von ihnen.

Die Geschichten älterer Queers enthalten unschätzbare Lektionen, die dich auf deinem eigenen Weg begleiten können. Öffne dein Herz und deinen Geist für ihre Einsichten und nimm das Angebot ihrer Weisheit an. Sei dir bewusst, dass du mit deinen Kämpfen nicht allein bist und dass es Menschen gibt, die bereits ähnliche Herausforderungen bewältigt haben und dir helfen können. Wiederhole diese Affirmation als Reminder daran, zuzuhören, zu lernen und den Reichtum der LGBTQIA+-Geschichte wertzuschätzen.

Ich setze mich für eine bessere Zukunft für künftige Generationen ein.

Es liegt in deiner Hand, die Zukunft für künftige Generationen Queerer Menschen mitzugestalten. Mit jeder Handlung und Entscheidung, die du triffst, trägst du zu einer Welt bei, die inklusiver ist und mehr Akzeptanz bietet. Strebe danach, eine bessere Zukunft zu erschaffen, indem du Vorurteile bekämpfst und dich für Veränderungen einsetzt. Lass dich von dieser Affirmation leiten, den Fortschritt weiter voranzutreiben.

Ich bewahre die Queere Geschichte und gebe sie weiter.

Wenn wir die Kämpfe, Errungenschaften und Beiträge derer, die vor uns da waren, anerkennen, ehren wir ihr Vermächtnis und sorgen dafür, dass unsere gemeinsame Geschichte nicht in Vergessenheit gerät. Queere Geschichte wird von der Gesellschaft immer wieder ignoriert, darum nimm du die Verantwortung an, Queere Erinnerungen zu bewahren und weiterzugeben. Lass dich durch diese Affirmation an die Bedeutung unserer Geschichte erinnern und sei inspiriert, dich aktiv an ihrer Bewahrung zu beteiligen.

ICH
BIN VALIDE,
AUCH WENN
ICH NICHT
OUT
BIN.

Ich bin frei von Vergleichen und akzeptiere mich selbst.

Viele Queers geraten leicht in die Vergleichsfalle, sei es in Bezug auf das Aussehen, die Errungenschaften oder die Erfahrungen. Aber denk daran: Dein Weg ist einzigartig und unvergleichlich! Lass das Bedürfnis los, dich mit anderen zu messen, und nimm stattdessen die Schönheit deines authentischen Selbst an. Wiederhole diese Affirmation, um dich nicht länger zu vergleichen und dich so zu lieben, wie du bist.

Ich kann Familie neu definieren.

Du hast die Macht, neu zu definieren, was Familie ist, und Verbindungen zu schaffen, die auf Liebe, Akzeptanz und Verständnis beruhen. Du besitzt die bemerkenswerte Fähigkeit, eine große Familie für alle zu gründen, eine, die die traditionellen Normen überwindet und das wahre Wesen Queerer Liebe umfasst. Nimm diese Affirmation als Erinnerung daran, dass es viele Familienformen gibt und dass du eine Familie gründen kannst, in der Bindung durch gemeinsame Erfahrungen, bedingungslose Unterstützung und unerschütterliche Akzeptanz entsteht.

Ich bin frei, zu experimentieren und Grenzen zu sprengen.

Gestehe dir zu, über die gesellschaftlichen Erwartungen und Normen hinauszugehen und dabei neue Aspekte deiner Identität zu entdecken. Indem du Grenzen sprengst, ebnest du den Weg für andere, es dir gleichzutun. Wiederhole diese Affirmation, um dein authentisches Selbst zu lieben – kompromisslos und mutig.

Ich feiere die transformative Magie von Drag.

Drag ermöglicht es, durch die Kraft der Selbstdarstellung und der Performance verschiedene Facetten der eigenen Identität zu erforschen – und gleichzeitig gesellschaftliche Normen und Erwartungen zu hinterfragen! Es hat etwas Magisches, sich in alles und alle verwandeln zu können, die man möchte! Feiere diese Selbstliebe, Kreativität und Authentizität des Drag. Lass dich von der Magie der Travestie inspirieren und bringe dein wahres Ich mit Mut und Stolz zum Ausdruck!

DRAG IST KUNST!

Ich bin ein liebevolles und stolzes Queeres Elter.

Du hast die Macht, einen Safe Space zu schaffen, in dem deine Kinder wachsen, gedeihen und ihre eigenen authentischen Identitäten finden können. Feiere deine Reise als liebevolles und stolzes Queeres Elter in dem Wissen, dass deine Liebe und Unterstützung das Leben deiner Kinder immer prägen wird. Wenn du kein Elternteil bist, teile diese Affirmation gerne mit Menschen in deinem Leben, die es sind.

Ich bin stolz auf den positiven Einfluss, den ich habe.

Deine Worte, Taten und deine Präsenz inspirieren andere und bewirken einen Wandel in deiner Community. Nimm diese Affirmation, um dich an den wunderschönen Einfluss zu erinnern, den du hast, und den Stolz, den du empfinden solltest, weil du einen Unterschied in dieser Welt machst! Feiere deine Fähigkeit, andere aufzubauen und nachhaltig zu stärken, wohl wissend, dass deine Existenz eine positive Wirkung hat.

Ich darf mein Geschlecht frei ausdrücken.

Es gibt nicht die eine Art, sein Geschlecht zum Ausdruck zu bringen, außerdem kann sich der Geschlechtsausdruck von der Geschlechtsidentität unterscheiden! Die Gesellschaft mag versuchen, dir Grenzen oder Normen aufzuerlegen, aber dein Geschlechtsausdruck ist valide und verdient Respekt. Sei stolz darauf, dein wahres Selbst zu entdecken und auszudrücken, und lass dich von dieser Affirmation darin bestärken, deinen authentischen Geschlechtsausdruck zu zelebrieren.

Ich bin frei von traditionellen Rollen.

Man muss sich gesellschaftlichen Erwartungen nicht anpassen oder sich in irgendwelche Schubladen quetschen. Du musst dich nicht an Geschlechterrollen oder ähnliche Regeln halten. Auch Traditionen wie die Ehe sind vielleicht nichts für dich, und das ist völlig okay! Sprich diese Affirmation, wenn du dich unter Druck gesetzt fühlst, traditionellen Geschlechter- oder Beziehungsnormen entsprechen zu müssen.

MEINE Queerness IST wunderschön.

Meine Queere Identität ist eine Quelle der Kreativität und Inspiration.

Deine einzigartigen Erfahrungen und deine Perspektive können deine Kreativität erwecken! Genieße, wie die Kraft deiner Queerness dich selbst und andere inspiriert. Lass dich durch diese Botschaft daran erinnern, dass deine Queerness eine Quelle des Lichts und der kreativen Energie für dich sein kann! Sprich diese Affirmation, wenn du dich ausgebrannt oder unmotiviert fühlst.

Ich kann sowohl trans als auch nicht-binär sein.

Du forderst die Grenzen der Geschlechternormen heraus und bereitest den Weg für mehr Verständnis und Akzeptanz, indem du beide Labels für dich nutzt. Nimm die einzigartige Überschneidung deiner trans und nichtbinären Identitäten mit Liebe an und feiere den Reichtum und die Vielfalt, die sie in dein Leben bringen. Lass dich von dieser Botschaft empowern, in deiner Identität vollständig gesehen und anerkannt zu werden. Wenn diese Affirmation dich nicht anspricht, schicke sie an jemanden in deinem Leben, der sowohl trans als auch nichtbinär ist, damit sich dieser Mensch wahrgenommen fühlt.

Ich liebe die Fluidität meiner Bisexualität.

Nimm dir die Freiheit, Menschen unabhängig von ihrem Geschlecht zu erkunden und dich mit ihnen zu verbinden. Erlaube dir, deine Bisexualität voll und ganz zu akzeptieren. Deine Fähigkeit, verschiedene Geschlechter zu lieben und dich zu ihnen hingezogen zu fühlen, ist ein einzigartiges Geschenk. Indem du die Fluidität deiner Orientierung anerkennst und wertschätzt, überwindest du Barrieren und stellst gesellschaftliche Normen infrage.

Ich verdiene positive Queere Repräsentation.

Du verdienst es, dich in einem positiven Licht repräsentiert zu sehen. Als Queerer Mensch hast du das Recht, eine authentische Darstellung in der Gesellschaft zu fordern und diese Vielfalt zu feiern. Wenn du deinen Wert anerkennst und dich für eine positive Repräsentation von Queers einsetzt, gestehst du dir selbst und anderen in der Community mehr Macht zu. Lass dich durch diese Affirmation daran erinnern, für Sichtbarkeit und Inklusivität einzutreten – für eine Zukunft, in der sich jede Queere Person mit Liebe und Authentizität wiedererkennt.

UNSERE COMMUNITY KANN SICH VERBÜNDEN UND VERÄNDERUNG BEWIRKEN

Ich kann die Repräsentation sein, die ich mir wünsche.

Du kannst selbst die Repräsentation werden, nach der du dich sehnst. Du kannst die Stimme, das Gesicht und die Geschichte sein, die andere Queere Menschen inspiriert! Sei die stolze Queere Repräsentation, die du als Queeres Kind gern gesehen hättest. Empowere dich selbst, eine positive Kraft für den Wandel zu sein, Stereotypen infrage zu stellen und die vielfältigen Stimmen in unserer Gesellschaft zu verstärken.

Ich habe Unterstützung in schwierigen Zeiten.

Du hast eine verständnisvolle und unterstützende Community, die dir zur Seite steht. Denk daran, dass du dich keiner Herausforderung oder Widrigkeit allein stellen musst. Wende dich an deine Familie, Freund*innen oder Support-Netzwerke, die dich mit offenen Armen empfangen werden. Gemeinsam könnt ihr die Schwierigkeiten des Lebens meistern, Errungenschaften und Rückschläge miteinander teilen und euch gegenseitig aufbauen. Erlaube dir, dich auf die Stärke und das Mitgefühl deiner Queeren Community zu stützen.

Ich kann jederzeit um Hilfe bitten.

Unterstützung zu brauchen, ist kein Zeichen von Schwäche, sondern ein Beweis für deine Stärke und dein Selbstbewusstsein. Denk daran: Du bist nicht allein, und es gibt Menschen, die sich gerne um dich kümmern und dir helfen wollen. Egal, ob du Zuspruch brauchst, Ratschläge oder einfach nur ein offenes Ohr, zögere nicht, dich zu melden. Gestehe dir zu, dein Wohlbefinden in den Vordergrund zu stellen und ein Support-Netzwerk aufzubauen, das ermutigt und bestärkt.

Ich verdiene gleiche Rechte und Möglichkeiten.

Deine Orientierung oder Geschlechtsidentität sollten kein Hindernis für den Zugang zu denselben Rechten, Privilegien und Chancen sein, die andere erhalten. Fordere die Gleichheit und den Respekt ein, die du verdienst. Indem du deinen Wert erkennst und für deine Rechte eintrittst, trägst du zu einer inklusiveren und gerechteren Gesellschaft bei, in der sich alle entfalten können. Sei dir bewusst, dass du Gleichbehandlung und Akzeptanz verdienst, ebenso wie die Freiheit, authentisch und ohne Diskriminierung zu leben.

DIE WELT IST EINE BESSERE MIT MIR DARIN.

Empfehlungen und Anlaufstellen

Websites/Organizations

Queer-Lexikon: www.queer-lexikon.net

Lambda Bund: https://lambda-online.de/

Queere Bildungsstätte Waldschlösschen: https://www.waldschloesschen.org/de/

Queermed Deutschland: https://queermed-deutschland.de/

Queermed Österreich: https://www.queermed.at/

Bundesverband Trans*: https://www.bundesverband-trans.de/

Transgender Network Switzerland: https://www.tgns.ch/de/

Verein für Transgender Personen in Österreich: https://transx.at/

Trans Austria: https://trans-austria.org/

Transgender Europe e. V.: https://tgeu.org/

Nibi Space: https://nibi.space/

Bücher, die Jess Vosseteig empfiehlt:

Mehr als binär von Alok Vaid-Menon

Fun Home: Eine Familie von Gezeichneten von Alison Bechdel

Stone Butch Blues von Leslie Feinberg

My Queer Year: A Guided Journal von Ashley Molesso und Chess Needham

Sissy: A Coming-of-Gender Story von Jacob Tobia

Transgender History von Susan Stryker

Deutschsprachige Ergänzungen, empfohlen von dem*der Übersetzer*in Valo Christiansen:

Gender-Kram von Louie Läuger

You don't look gay von Julius Thesing

Ich bin Linus von Linus Giese

Die Zukunft ist nicht binär von Lydia Meyer

Radikale Selbstfürsorge jetzt von Svenja Gräfen

Unsichtbar gemacht. Perspektiven auf Aromantik und Asexualität von Annika Baumgart und Katharina Kroschel

Genderqueer – Eine nichtbinäre Autobiografie von Maia Kobabe

Podcasts

BBQ – Der Black Brown Queere Podcast von COSMO

Willkommen im Club – der queere Podcast von PULS

Zart bleiben – Fabian Hart

Busenfreundin – Ricarda Hofmann

Die Michalskis – Saskia & Lui Michalski

Making Gay History von Eric Marcus

Nancy von WNYC Studios (mit Kathy Tu und Tobin Low)

Queer as Fact

Queery with Cameron Esposito

The Read mit Kid Fury und Crissle West

Index

Über die Autorin

Jess Vosseteig (Jess Voss Art) ist eine Queere Illustratorin und Autorin, geboren und aufgewachsen in Colorado. Ihre Arbeit legt einen Fokus auf Inklusivität und Empowerment und versucht, Gespräche über Feminismus und die Queere Community zu ermöglichen. Das geschieht auch in Kooperation mit Marken und Organisationen wie Dr. Martens, Lush, Ulta Beauty, der Ms. Foundation for Women, Facebook/Meta und vielen mehr. Jess möchte ihre Illustrationen so gestalten, dass sich Menschen aller Geschlechter empowert fühlen, sie will Stereotypen aufbrechen und Body Positivity/Neutrality fördern. Jess wünscht sich, dass die Menschen sich in ihrer Arbeit gesehen und gehört fühlen und empowert werden, sie selbst zu sein, andere aufzuklären und gesellschaftliche Normen zu verändern. Mehr von Jess und einen Shop findest du unter JessVossArt.com und in den sozialen Netzwerken unter @jessvoss_art.

Übersetzer*in

Valo Christiansen ist [gender]queere*r Autor*in und Spoken Word Artist, [Sensitivity] Reader*in, Übersetzer*in und Referent*in. Dey übersetzt aus dem Englischen, Spanischen und Niederländischen ins Deutsche. Mehr zu deren Arbeit findet ihr auf www.valochristiansen.com und auf Social Media bei @meernichtweniger.

Weitere Titel von Zuckersüß Spark

Alok Vaid-Menon
MEHR ALS BINÄR

Aus dem Englischen von Linus Giese

Hardcover | 108 Seiten | 16,5 x 21 cm
€ 19,00 (DE) | € 19,60 (AT) | CHF 24,90*
ISBN 978-3-949315-24-4

Jake Hall
DRAG IST KUNST

Aus dem Englischen von Luca Mael Milsch

Hardcover | 140 Seiten | 21 x 28 cm
€ 29,00 (DE) | € 29,90 (AT) | CHF 37,90*
ISBN 978-3-949315-25-1